DES REPTILES BIZARRES

EFFRAYANTS MAIS INTÉRESSANTS

Alan Walker

Un livre de la collection
Les jeunes plantes de Crabtree

Crabtree Publishing
crabtreebooks.com

TABLE DES MATIÈRES

LES REPTILES : UN GROUPE ÉCAILLEUX

Les scientifiques classent les organismes vivants en six groupes appelés *règnes*.

Les six règnes :

Archéobactéries

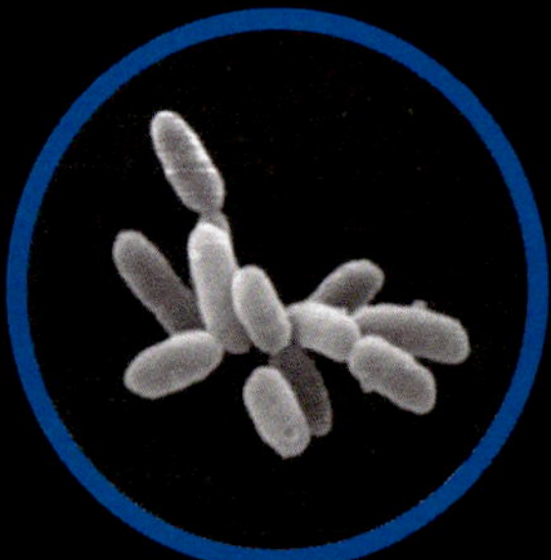

Eubactéries

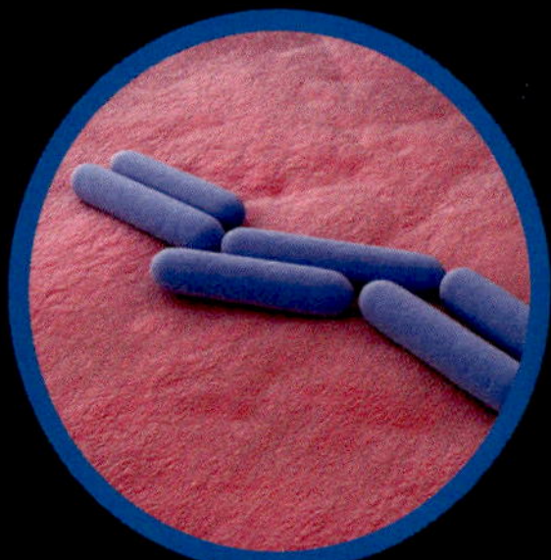

Protistes

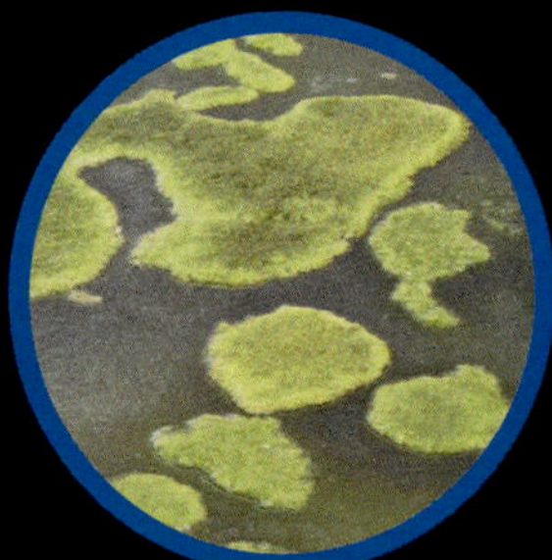

Champignons

Plantes

Animaux

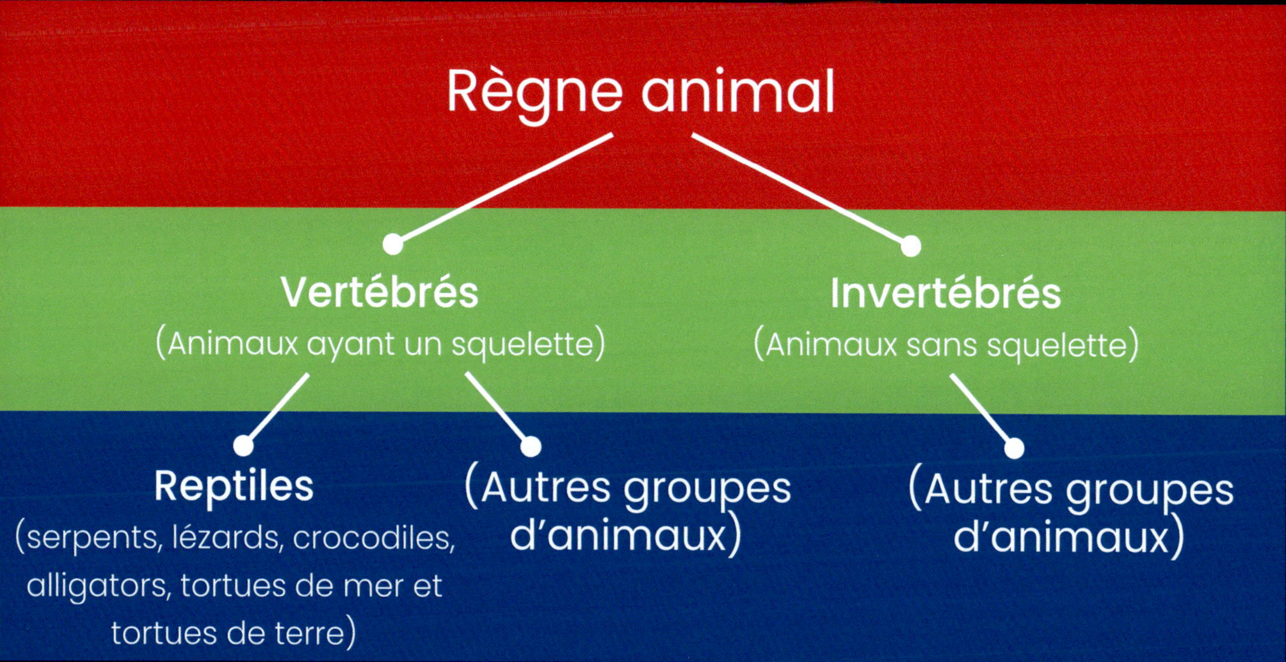

Ce tableau démontre quelques groupes dans le règne animal.

Les reptiles sont regroupés parce qu'ils ont une peau sèche et écailleuse, ils pondent des œufs sur la terre et ils sont des animaux à **sang froid**.

Les tortues de mer femelles sortent de l'océan pour pondre leurs œufs dans le sable.

EFFRAYANT OU INTÉRESSANT?

Contrairement à la tortue de terre, la tortue de mer ne peut pas rentrer sa tête et ses nageoires dans sa carapace.

La tortue luth est la tortue à carapace dure la plus grande au monde.

Tous les reptiles respirent de l'air—même les reptiles qui passent la majorité leur vie dans l'eau.

EFFRAYANT OU INTÉRESSANT?

La tortue de la Mary River a de drôles de petits tubercules sur le menton. Mais ce n’est pas la seule partie du corps étrange qu’elle a : elle a un organe spécial qui lui permet de rester sous l’eau et de respirer par les fesses!

DES REPTILES GÉANTS

Il existe près de 11,000 **espèces** de reptiles sur la Terre. Les reptiles les plus lourds sont les crocodiles et les tortues de mer.

Le crocodile marin remporte le prix du reptile le plus lourd. Certains pèsent plus de 2,200 livres (998 kilos) et mesurent jusqu’à 23 pieds (7 mètres).

La tortue des Galápagos est la plus grande tortue au monde—certaines peuvent peser jusqu'à 550 livres (250 kilos).

La tortue des Galápagos habite sur les îles Galápagos. Elle est **herbivore** et peut vivre jusqu'à 150 ans.

Effrayant ou intéressant?

Les tortues des Galápagos dorment jusqu'à 16 heures par jour et peuvent se passer de nourriture ou d'eau pendant un an.

Le plus gros lézard du monde a des dents acérées en forme de scie et sa morsure est **venimeuse**. C’est le dragon de Komodo.

Le dragon de Komodo peut peser environ 330 livres (150 kilos) et mesurer 10 pieds (3 mètres). Il utilise sa langue pour sentir l'air afin de trouver de la nourriture.

EFFRAYANT OU INTÉRESSANT?

N'oublions pas que les reptiles peuvent aussi être très petits. Le Brookesia minima peut tenir sur une pièce d'un cent!

DES ADAPTATIONS BIZARRES

Les reptiles s’**adaptent** pour survivre ou pour attirer des partenaires.

Le gavial mâle adulte a une bosse vide sur le bout du museau. Cette bosse est utilisée pour faire des sons pour attirer les femelles.

EFFRAYANT OU INTÉRESSANT?

Les inoffensifs lézards à collerette espèrent effrayer les **prédateurs** avec leur grande collerette et leur grande bouche jaune.

Plusieurs petits reptiles utilisent le **camouflage** pour se cacher des prédateurs.

EFFRAYANT OU INTÉRESSANT?

Si le camouflage ne fonctionne pas, certains types de lézards ont un moyen plutôt unique de se défendre : ils projettent du sang par les yeux pour effrayer les prédateurs.

EFFRAYANT OU INTÉRESSANT?

L'Uroplatus phantasticus habite les forêts pluviales tempérées de Madagascar. Ses couleurs et la forme de son corps le rendent pratiquement impossible à voir dans son environnement naturel.

D'autres reptiles utilisent des couleurs vives pour avertir les prédateurs de ne pas approcher.

Les couleurs vives du serpent corail avertissent les prédateurs qu'il est très venimeux.

Certains reptiles ont des trucs géniaux pour attraper leur repas.

EFFRAYANT OU INTÉRESSANT?

Il est difficile de se cacher d'un caméléon. Ses yeux globuleux bougent indépendamment l'un de l'autre. Cela signifie qu'il peut regarder dans deux directions différentes en même temps.

Il ne faut qu'une fraction de seconde au caméléon pour projeter sa langue et ramener son repas.

Effrayant ou intéressant?

La vipère à queue d'araignée attire sa **proie** en agitant doucement sa queue, qui ressemble à une araignée.

Glossaire

adaptent (a-dapt) : Changer au fil du temps pour survivre, notamment changer d'apparence et de comportement

camouflage (ka-mou-flaj) : Des couleurs ou des motifs qui aident les animaux à se fondre dans leur environnement

espèces (èss-pèss) : Un certain type d'animal au sein d'un groupe : *La tortue luth est une espèce du groupe des tortues de mer*

herbivore (èr-bi-vor) : Un animal qui mange uniquement des plantes

prédateurs (pré-da-teur) : Des animaux qui chassent et mangent d'autres animaux

proie (proa) : Des animaux qui sont chassés et mangés par d'autres animaux

sang froid (san froa) : Les animaux à sang froid utilisent leur environnement pour changer la température de leur corps

venimeuse (ve-ni-meuz) : Des animaux qui injectent du poison par une morsure ou une piqûre

Index

Soutien de l'école à la maison pour les parents, les gardiens et les enseignants

Ce livre aide les enfants à se développer grâce à la pratique de la lecture. Voici quelques exemples de questions pour aider le lecteur ou la lectrice à développer ses capacités de compréhension. Les suggestions de réponses sont indiquées en rouge.

Avant la lecture

- **De quoi ce livre parle-t-il?** *Je pense que ce livre parle de reptiles effrayants. Je pense que ce livre explique comment les reptiles survivent.*
- **Qu'est-ce que je veux apprendre sur ce sujet?** *Je veux savoir quels reptiles sont venimeux et où ils vivent. Je veux savoir quel est le plus gros reptile et combien il pèse.*

Pendant la lecture

- **Je me demande pourquoi...** *Je me demande pourquoi la tortue des Galápagos dort jusqu'à 16 heures par jour. Je me demande pourquoi la tortue de la Mary River peut rester sous l'eau et respirer avec ses fesses.*
- **Qu'est-ce que j'ai appris jusqu'à présent?** *J'ai appris que les yeux globuleux des caméléons bougent indépendamment l'un de l'autre; ils peuvent regarder dans deux directions différentes. J'ai appris qu'il existe près de 11,000 espèces de reptiles sur la Terre et qu'ils respirent tous de l'air.*

Après la lecture

- **Nomme quelques détails que tu as retenus.** *J'ai appris que les scientifiques classent les organismes vivants dans six groupes appelés règnes. J'ai appris que les reptiles sont regroupés parce que leur peau est sèche et écailleuse, ils pondent leurs œufs sur la terre et ils ont le sang froid.*
- **Lis le livre à nouveau et cherche les mots du glossaire.** *Je vois les mots* ***sang froid*** *à la page 6 et le mot* ***venimeuse*** *à la page 14. Les autres mots du glossaire se trouvent à la page 23.*

Crabtree Publishing

crabtreebooks.com 800-387-7650

Version imprimée du livre produite conjointement avec Blue Door Education en 2021.

Auteur : Alan Walker
Traduction : Annie Evearts

Paperback	978-1-0396-0843-6
Ebook (pdf)	978-1-0396-0855-9
Epub	978-1-0396-0867-2
Read-along	978-1-0398-0345-9
Audio book	978-1-0396-6676-4

Imprimé au Canada/102023/CP20231017

Publié au Canada par Crabtree Publishing
616 Welland Avenue
St. Catharines, Ontario
L2M 5V6

Publié aux États-Unis par Crabtree Publishing
347 Fifth Avenue
Suite 1402-145
New York, NY 10016

Références photographiques : Photo de la couverture ©Shutterstock.com/Cezary Wojtkowsk, images de la p. 4 Sebastian Kaulitzki, dominique landau, Nicky Rhodes, Light & Magic Photography, worldswildlifewonders, p. 6 ©Shutterstock.com/Agami Photo Agency, p. 8-9 ©Shutterstock.com/robdowner; p. 10-11 ©Shutterstock.com/ Meister Photos, p. 12-13 ©Shutterstock.com/Maridav, p. 14 ©Shutterstock.com/Anna Kucherova, p. 15 ©Shutterstock.com/Agami Photo Agency, p. 16 ©Shutterstock.com/ Cheng Wei, p. 17 ©Shutterstock.com/Matt Cornish, p. 18-19 (illustration) ©Shutterstock.com/Sergey Mikhaylov, (photo) © Shutterstock.com/Dennis W Donohue, p. 20 (Uroplatus phantasticus) et 22 ©Shutterstock.com/ reptiles4all, p. 20 (serpent corail) ©Shutterstock. com/Patrick K. Campbell, p. 21 ©Shutterstock.com/Svoboda Pavel, p. 22 ©Shutterstock.com/pittaya

Catalogage avant publication de Bibliothèque et Archives Canada
Titre: Des reptiles bizarres / Alan Walker ; texte français d'Annie Evearts.
Autres titres: Weird reptiles. Français.
Noms: Walker, Alan (Écrivain pour la jeunesse), auteur.
Description: Mention de collection: Effrayants mais intéressants | Les jeunes plantes de Crabtree | Traduction de : Weird reptiles. | Comprend un index.
Identifiants: Canadiana (livre imprimé) 20210286024 | Canadiana (livre numérique) 20210286032 | ISBN 9781039608436 (couverture souple) | ISBN 9781039608559 (HTML) | ISBN 9781039608672 (EPUB)
Vedettes-matière: RVM: Reptiles—Ouvrages pour la jeunesse. | RVMGF: Documents pour la jeunesse.
Classification: LCC QL644.2 .W3514 2022 | CDD j597.9—dc23